Anton Felderhoff

Ruf den Engel dir zur Seite

Verlag Ch. Möllmann

Anton Felderhoff

Ruf den Engel dir zur Seite

Gedankenlyrik

Die Deutsche Bibliothek – CIP-Einheitsaufnahme
Felderhoff, Anton:
Ruf den Engel dir zur Seite : Gedankenlyrik /
Anton Felderhoff. -
1. Aufl. - Schloß Hamborn : Möllmann, 2001
ISBN 3-931156-82-6

Herausgegeben von Linde Tisken

Die kleinen Zeichnungen sind in
Originalgröße und Briefen entnommen

Erste Auflage 2001

Schloß Hamborn 94, 33178 Borchen
Tel.: 0 52 51 / 2 72 80
Fax: 0 52 51 / 2 72 56
www.chmoellmann.de

Layout: WE Dokument Witten,
E-mail: Welskop-Witten@t-online.de
Herstellung: Bonifatius GmbH, Paderborn,
Buchbinderei Kloidt, Paderborn

ISBN 3-931156-82-6

Anton Felderhoff
1901-1959

Vorwort

Dieses Buch möchte an den Musiker und Maler Anton Felderhoff zum 100. Geburtstag mit einigen Gedichten erinnern, die er in seiner letzten Lebenszeit (1951-1959) geschrieben hat. Er fühlte sich nicht als ein Dichter. Die Texte fielen ihm zu, meistens nachts, im Krankenhaus. Im Miterleben und Mitleiden des Schicksals seiner Freunde sind sie entstanden. Unschwer ist zu erkennen, welche Texte aus seiner Seelenstimmung heraus geschrieben und welche an einen anderen Menschen gerichtet sind.

Die hohen Ideale im Denken, die verinnerlichten Erlebnisse im Fühlen – sie können zum Handeln führen. So ist das meiste in seinen Texten der Anfang eines Schulungsweges. Wohin kann er führen? Zur „Sozialen Kunst", der Kunst der Zukunft. Da arbeitet der Mensch an seiner Innerlichkeit. Material und Werkzeug ist er nun selber.

Wer war Anton Felderhoff?

„Im nächsten Leben möchte ich Clown werden!"
„Warum denn das?"
„Ich sehe so viele Menschen mit einer verhärteten Seele, daß nur noch Lachen und Lächeln eine Möglichkeit schaffen, sich zu begegnen."

Geboren wurde er am 23. 12. 1901 in Bochum-Wattenscheid und starb dort am 2. 4. 1959. Er war das fünfte Kind unter sechs Geschwistern. Sein Vater, ein Kunsttischler, übte sein Handwerk mit einigen Gesellen und Lehrlingen aus. Er starb früh, und die Mutter litt mit den Kindern große Armut. Anton wurde fast blind geboren.

Die Kindheit im Kreise der Familie war schön. Die Mutter hat ihn als ihren Liebling bevorzugt. Abends, wenn alle schliefen, durfte er wieder zu ihr kommen, dann erzählte sie ihm viel oder las ihm vor. Die Schule konnte er nur unvollkommen durchlaufen, er lernte mit seinen Geschwistern. Außerhalb des Hauses war es ihm oft bang, er fürchtete die Neckereien der Kinder, die Freude daran hatten, wenn er stolperte oder etwas umstieß. Durch eine Augenoperation konnte aber eine geringe Sehfähigkeit erreicht werden.

Mit 14 Jahren mußte er das Elternhaus verlassen. Er wurde in einen viel zu großen Anzug des Vaters gesteckt, kam nach Solingen in eine Feinkost- und Drogistenlehre. Dort wohnte er in einem Dachstübchen ohne Heizung, Licht und Wasser, mit einem Bett, Tisch, Stuhl und einer Waschschüssel, worin das Wasser im Winter gefror. Aus dieser Zeit gibt es traurige und heitere Erinnerungen, die er sehr gerne erzählte. Ganz früh am Morgen mußte der Lehrling den Ofen anheizen, täglich für einige Kunden den Kaffee rösten. Dazu war besondere Sorgfalt notwendig, nicht zu hell und nicht zu dunkel. Die großen Käselaibe mußten mit weingetränkten Tüchern umwickelt, der Zucker zerstoßen und viele Geräte gereinigt werden. Mit Brot, Kaffee und anderen Waren mußte er nun mit einem Karren in die Stadt zu den Kunden gehen und die Waren ausliefern.

Bei einem solchen Gang fiel ihm im Fenster einer Buchhandlung ein Buch mit dem Titel „Beethoven“ auf. Er wußte nicht, wer Beethoven war, aber ihm war klar: das muß ich haben! Nach langem Sparen erstand er es. Selig erstieg er nun abends seine Kammer und las bei Kerzenlicht. Nun wußte er, daß er Musik studieren wollte. Aber wie? Es war ihm bekannt, daß es in der Stadt einen berühmten Musiker gab. Er nahm all seinen Mut zusammen und suchte ihn auf, fragte, ob er ihn unterrichten würde. Er hätte zwar kein Instrument, doch es könne ja erst einmal Theorie sein. Wann er denn Zeit hätte, wurde er gefragt. „Nur nachts, tagsüber bin ich Lehrling in einem Geschäft." Vor diesem Entschluß muß der Meister wohl Respekt gehabt haben und sagte zu.

Anton Felderhoff mußte nachts aus seiner Dachstube durchs Fenster über das Nachbarhaus klettern, um ungesehen zu seinen Stunden gehen zu können. Bald bekam er eine Geige geliehen. Seine Begabung war wohl so groß, daß er die Lehre abbrechen konnte. Ein Gönner bezahlte ihm das Studium. Nebenbei verdiente er sich etwas Geld mit Kaffeehausmusik. Sehr früh machte er sein Examen als Musiklehrer für alte Instrumente. Bald spielte er im Orchester der Stadt Gelsenkirchen und gründete mit Freunden ein Streichquartett. Die vier Musiker hatten große Begeisterung sowohl für alte als auch für neue Musik: Hindemith, Reger, Pfitzner. Sie setzten sich dafür ein, gaben Konzerte, nicht nur im engeren Kreis. Die Hausmusik wurde gepflegt, zu Festeszeiten in Krankenhäusern Konzerte gegeben. Es war ein erfülltes Musikerleben. Anton Felderhoffs Augenlicht war jedoch so schwach, daß er nicht vom Blatt ablesen konnte: er mußte alles auswendig spielen.

Mit 37 Jahren kam der schlimmste Schicksalsschlag: Ohrgeräusche waren oft so schlimm, daß sein Gehör versagte und sein Musikerleben ein Ende finden musste. Seine Schüler konnte er noch kurze Zeit unterrichten, um für seine Familie – Frau und Sohn – das Notwendigste zu verdienen.

In dieser verzweiflungsvollen Lage führte ihn das Schicksal zu einem anthroposophischen Arzt, der ihm den Rat gab, nach Dornach/Schweiz zum Goetheanum zu fahren, um die Anthroposophie kennenzulernen. Dazu sagte Anton Felderhoff später: „Ohne Anthroposophie wäre ich zerbrochen.“ Dieses Studium gab ihm Kraft und Mut, das Leben neu zu gestalten. Reinkarnation, Karma, Mensch, Menschheit – das waren für ihn nun die Fragen. Antwort gab ihm alles das, was er in den Büchern Rudolf Steiners fand. „Kann ich mein Ich in schweren Zeiten als führend erleben? – Ja, wenn ich mich anschließe an das, was geistige Wesen mir geben. Es hängt nun alles von mir ab!“

Nun wurde er Maler. Ein Studium an der Essener Folkwangschule und an der Werkkunstschule Düsseldorf gaben ihm die Grundlage für ein neues Wirken. Doch Geld verdienen konnte man in dieser Zeit damit nicht. An den Volkshochschulen der Umgebung (Essen,

Bochum, Duisburg, Düsseldorf, Neuss) gab er Kurse über Kunstgeschichte, Zeichnen und Malen. Begeisternd sprach er von den Kunstwerken aller Kulturepochen und weckte seine Hörer auch auf zum Verständnis unserer Zeit. Gegenwartsfragen konnten dann ganz neu betrachtet werden. Welche Seelenhaltung ließ die Menschen Pyramiden bauen, wie wandten sie sich in anderen Zeiten dem Göttlichen zu? Menschheitsentwicklung war erlebbar.

Anders gingen wir, seine Schüler, in unseren Alltag. Wir übten kleine Schritte: mit den Sinnen beobachten, sich freuen, staunen, wundern. So wurden Räume geschaffen, um immer feiner und feiner wahrnehmen zu können, was hinter den Erscheinungen zum Menschen sprechen kann.

Nicht nur die Formen und Farben in der Natur, Steine, Blumen, Bäume, Wolken – auch das von Menschenhand geschaffene Umfeld: alte Dachziegel, Strassenpflaster, Mauern weckten unser Interesse. Wie wirkt das auf uns? Was erleben wir? Diese Arbeit machte ihm große Freude. Zum Malen kam er zu wenig, doch er nutzte auf den langen Zugfahrten zu seinen Kursen jede Gelegenheit zu zeichnen und zu entwerfen.

1956 kam eine große Ausstellung im Märkischen Museum Witten zustande: „Musik in der Malerei".

Eine große Freude bereitete ihm auch, daß er in den Kreis der Maler am Goetheanum aufgenommen wurde.

Aufgrund seiner schwachen Konstitution und des schweren Asthmaleidens wurden in den Ferien Krankenhausaufenthalte notwendig. Freunde boten ihm eine finanzielle Sicherung an, um die Kurse aufgeben zu können und Zeit zum Malen zu haben. Doch das lehnte er entschieden ab. Die Arbeit mit den Menschen war ihm in dieser Zeit wichtiger.

Mit offenen Armen ging er auf die Menschen zu. Im Gespräch hielt er eine Hand hinter dem Ohr, den Kopf zur Seite geneigt, um trotz der Schwerhörigkeit zu erlauschen, was den Anderen bewegte.

Sein Humor ließ im Zusammensein mit ihm das schwere Schicksal vergessen. Ein Freund sagte einmal: „Er konnte einen trüben Novembertag farbig werden lassen".

Linde Tisken

Der Mensch zwischen Licht und Finsternis
1957 · Aquarell · 16 x 11 cm

Wie kann ich meine Seele weiten,
die in gewaltigen Zeitenkreisen
am Weltbau hilft ?

Ergreife dein Ich,
vermähl' es dem Christ
der täglich in dir aufersteht.

1959 in der Osternacht

Ein Wahrheitssucher ist der Mensch.
Er weiß sich eins dem ganzen Weltenall.
Er fühlt in sich,
wie Weisheit aus den Himmelsräumen
ihn selbst zum Denken führte.
Im Denken west und lebt sein reines Ich,
das immer wieder ihn
der Geistwelt neu vermählt.
O Denker Mensch,
im Wahrheitssuchen – Denken
erhieltest du das eigentliche Gottgeschenk.
Sei würdig dieser Gottesgabe
und hüte sie wie eine Gralesschale.

August 1957

Solang du nicht den eignen Leib
als Dom empfindest,
darin ein göttlich Walten dir das Ich erschuf,
solange du nicht selber Priester bist
im eignen Innern,
der immer neu mit Geisteswelten dich verbindet,
solange du nicht wissend bist um alles,
was zum Altar dir deine Seele macht,
wo Kündung dir aus Himmelshöhen wird,
solang wirst niemals du begreifen,
wenn du die Schwelle
großer Dome überschreitest,
welch Geistgeheimnis überall verwoben ist.
Denn Raumesweiten, lichte Höhen,
ein Hin und Her gewalt'ger Bogengänge,
dazu ein überirdisch Fensterleuchten,
die Farbenwunder über Farbenwunder
aus Licht mit Finsternissen neu gebären –
nein, wenn du alles dieses
nicht in deiner Seele vorher schon erlebt –
nie wirst du die Mysterien
dieser Wunder je begreifen.

Willst du im Geist erstarken,
die Seele kraftvoll wandeln,
aus Willensweisheit handeln?
Verschließ dich nicht dem Leid.
Erkenntnis weltenweit
wird dich im Schicksal reifen.

Willst du, daß reines Denken
dein Fühlen edel formt?
Laß Wahrheit, Schönheit, Güte
dein ganzes Sein durchdringen.
O lausche auf ein Singen,
das dir dein Ich gebiert.

Das Ich aus Geisteshöhen
wird dir dein Schicksal deuten.
Weißt du des Leidens Sinn,
sprich ernst und froh „Ich bin".

6. 2. 1958

Mensch bist du in jeder Stunde,
wenn du weißt, wohin du gehst,
wenn du stark im Leben stehst,
Geist und Seele in dir west.

Leuchten wird es dann im Herzen,
gütig wird dein Auge glänzen,
jedes Wort aus deinem Munde
wird in Liebe dies ergänzen.

So sei wach in allen Dingen,
daß nicht Finsternisgewalten
dir den wahren Menschen dunkeln.
Ruf den Engel dir zur Seite,
daß mit Lichteskraft er streite,
dir den Menschen zu
erhalten.

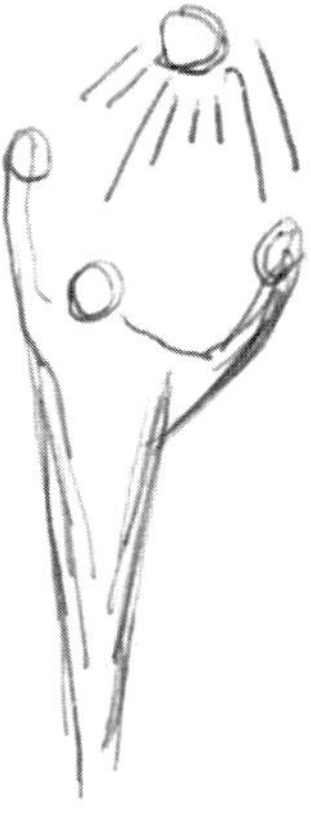

Zum Werkzeug Gottes bist du ausersehn,
jedwede Tat soll sich zum Guten wandeln,
durch dich soll wieder auferstehn,
was sonst im Stoff wird untergehn.
Eh es verweht –
eh es vergeht –
wirst du im Lichten handeln.

Du sollst in Eigenschöpferkraft
das Werk des Herrn zu Ende führen.
Was schon besteht –
führ es zu neuem Leben.
Was in Entwicklung –
laß es im Geiste weben.
Wenn es erfüllt,
wenn es enthüllt,
gib du ihm Namen und Segen.

1953

Wo du ruhst,
und wo du wandelst,
wo du aus dem Guten handelst,
fühl: es ist die Kraft durch „Ihn".

Wo du denkst,
um Wahrheit ringst,
Geist zur Offenbarung bringst,
horch: aus welchem Grund es quillt.

Wo die Seele dir ein Sehnen
nach den Himmelshöhen öffnet,
lerne schauen,
denkend bauen,
bis du wahrhaft eins mit „Ihm".

1954

Nimmermüde Geisteshände
hegen dich von früh bis spät,
helfen dir Gedanken formen,
die im Tag zu Taten reifen.

Leichtes, immer gleiches Schweben
hält dies Denken ewig offen,
bindet dich, auch du mal strauchelst
doch an reine Himmelswelten.

Liebend gütige Gebärde
läßt dies Hin und Her von Denken
wieder hoch zur Geistwelt steigen,
daß es dort den Engel findet,
der – durch deines Denkens Kraft
lebt! – Dich innig
segnend.

Erst wenn Gedankenklarheit
hell die Seele weitet,
erst wenn die Seele
Menschenwärme fühlt
und helfen möchte,
erst wenn das Herz in Güte
Stein und Strauch und Tier
zu Brüdern wandelt:
dann leuchtet mir auch
deine Seele sonnenhaft.
Ein jeder Blick und Händedruck
erzählt von Welten mir,
wo du den Weg
zum Geistesmenschen hin beschreitest.
Und was mir dann
in Wesensreinheit entgegenstrahlt,
das wird zum Antlitz eines Gotteskindes.

Pythagoras
Tempera 100 x 93 cm

Erst Verstehen –
dann zum Schauen
ward des Menschen Geist bestellt.
Erst zum Denken,
dann zum Bauen
ward Erkenntnis ihm erhellt.
Erst im ständig wachen Üben
öffnet sich die Geisteswelt,
erst im demutvollen Dienen
Gotteswelt mir zugesellt.

6. 8. 1957

Nur wenig können wir erst schauen,
um lauschend tönend Weltenweiten
zu ergründen!
Wie keimhaft erst erwächst
es uns im Seelengrund.

Der Herzensgründe Tiefen
gilt es aufzuschließen
und aufzuwecken
alle Geistesstimmen,
die sphärisch, tönend
uns den höheren Menschen zeigen.

In Weltenrhythmen
Götterkräfte zu ergründen,
im Lichtgeheimnis
Sonnensein erschaun. –
Erleb im Denken
Wegeweihespur.

1956

Der Engel

Immer wenn ich denkend schreite,
weiß ich den Engel mir zur Seite,
den lichten Boten aus der Geisteswelt.

Ich lausche seinen stillen Worten,
die raunend mir von Weisheit künden,
im Geisteslicht lern ich mich finden.

Ich fühl, wie er die Stirn mir streift,
mit seinen Flügeln sanft berührt,
wie er in Treu sich niederneigt,
mich segnend rechte Wege führt.

Ich danke ihm den Treuedienst,
indem ich still auch ihn beschenke,
aus Erdenschönheit Lichtes denke,
auch seinen Weg bescheiden lenke.

So schreiten wir durch Raum und Zeit
vom Urbeginn zur Ewigkeit,
in schicksalhafter Zweisamkeit
zum Liebegeist der Sonnenkräfte.

1. 2. 1959

Die Tragik ist,
daß du den Christ
nicht findest in der Nacht,
wenn du im Geisterreiche weilst,
wenn du am Tage
Ihn nicht schon erlebtest.

Im Denken
in der Wahrheitsfülle.
Im Fühlen
in den Liebekräften.
Im Wollen
In den guten Taten.
Dazu im Ich –
der Christ in mir.

So oft ist er der Helfer dir,
wenn du dein ganzes Sein
im nächtlichen Verlassen deines Leibes
geschlossen in der Geistwelt findest.
Gewiß im Sternall ausgebreitet,
doch ruhend in der Gottheit Fülle,
die segnend alle Kraft erneuert,
damit im Heileshandeln
du den Tag beginnst,
der schicksalhaft
dein Ich dir formt.

1958

Wahrheit, Schönheit, Güte

Bedenke in Reinheit
der Weisheit Wahrheit!
Die Tiefe ergründe,
das Hohe verkünde
den hungernden Brüdern.

Atme in Andacht
die Schönheit des Seins!
Den Morgen umlichte,
am Abend entrichte
dich betend den Sternen.

Übe im Guten
die Taten des Herzens!
Erstarke im Willen,
dem Handeln gib Sinn,
bis du „Ihn" erfüllst.

Was ist Kunst
und was ist Künden,
was ist Suchen,
was ist Finden?

Geistgeheimnis ist das Schauen,
gütig, göttlich Urgeschenk.
Welch unendlich Liebewirken
machte, daß ein Schauen ward!
Fähigkeit:
ein jedes Denken
wahrheitswach zum Bilde führen.
Abglanz lichter Götterwesen,
Geistesschau als Gottesschau.

1956

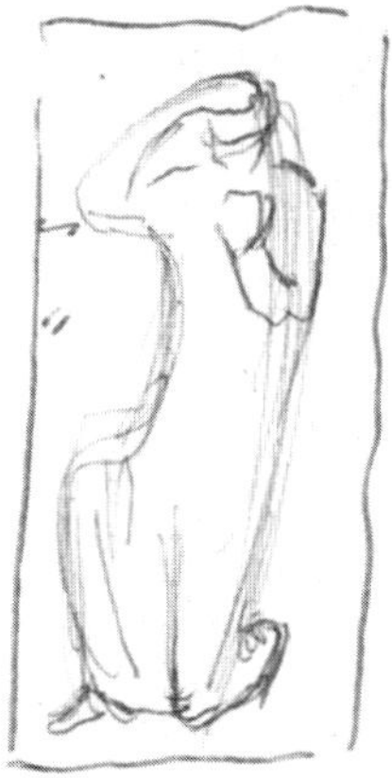

Hände

Hände, die in Schöpferkraft
Geistidee dem Stoff verweben
sind wie priesterliches Handeln –
Segensströme hin zum Menschen.

Auch der Künstler holt aus Höhen,
gottdurchglühten Himmelsweiten
Botschaft für die Erdenkinder.
Allen möchte er ja künden
Wahrheit aus dem Weltengrund.

Und die Hände sind das Werkzeug,
die aus Erde, Farben, Tönen
einen neuen Kosmos bauen,
ihn mit Himmelsmaßen messen,
Licht und Finsternis verteilen,
und, wenn alles Weltenklang,
ihn mit heil'gem Geist vermählen.

Alles fließt durch güt'ge Hände,
die da sind der Seele Werkzeug.
Edler mögen sie dir werden –
Heilende im lichten Handeln.

1952

Finden und Künden

Kunst, sie kommt nicht nur von Können,
Kunst ist Finden und ein Künden,
was sich geistig offenbart!
Dieser Einfall in die Tiefen,
in die Seel‘ des Mencheninnern,
wo er eine Hülle findet,
Wärme ihn zur Reife bringt,
geistesmächt'ge Schöpferkraft.
Dann aus Könnens-Fähigkeiten
ihm das Erdenkleid gestalten
Formen, Rhythmen, Farbgeschehen.
Elemente aus dem Weltall,
dienend Werkzeug reinem Geiste!
Mensch, wenn du ergründen könntest,
was im Kunstwerk west und webt! –
Abbild ist der Geistessphären,
wo auch du im Urstand lebtest. –
Keimen, Wachsen, Sich-Verwandeln,
ew'ger Werdung Umgestaltung,
immer größer sich entfalten
aus der Liebekraft der Gottheit.
Nur in Ehrfurcht, Demut, Stille
würdest du dem Werk dich nah'n!
Und wenn hellste Schau begnadend
dir dann tief die Seele füllt,
würdest du in Andacht fühlen,
daß ein Engel in dir dachte.

1953

Abschied vom Dornachhügel

Die weite Sprache deines Herzens,
sie tönt mir nach
in alle Winkel meiner Seele.
Der tiefe Atem deiner Rhythmen
befruchtet mir die Lust zu schaffen.
Die Geisteskraft,
die wie mit Urgewalt
mein Sein durchdringt,
sie wird dem fernern Leben
Ziel und Richtung geben.
So fahr ich tatenfroh
den Menschen wieder zu,
die auf mich warten,
die alles das von mir
empfangen werden,
was ich so reich
auf dir erleben durfte.
Ist es nun Abschied,
den ich von dir nehme?
Mitnichten, Dornachhügel!
Denn überall, wo mich
der Geist befruchtet,
der gute Genius in mir
zum Worte drängt,
da bist auch du,
du lichter Berg.

Ich fahre gern in Erdenweiten,
um überall dich neu zu finden,
in jeder Stadt
wo Menschens willens sind,
in deinem Geiste
sich zu finden.
Ein innig Danken
möge immer mir
im Herzen wohnen.

1953

Gambenspielerin
Tuschezeichnung · 1955 · 16 x 22 cm

Denk, es ist das Werk der Götter,
wenn du durch die Fluren schreitest,
deine Augen innig weitest,
um die Himmelsspur zu finden.

Denk, es ist das Werk des Menschen,
wenn ein Kunstwerk dir begegnet,
das, vom Genius gesegnet,
kündet Eigenschöpferkraft.

Schau, wie die Natur und Kunst
an den gleichen Quellen trinken.
Geisteshände still dir winken,
rechten Weg zum Urquell weisen.

Blütenbäume

Ein jeder Baum
der jetzt in Blüte steht
und singt,
wie es ins Fruchten geht
und jubelt,
wie in Schleierpracht
er rein Geheimnis
durch den Winter bracht
uns neu als Früh-ling mutig zeigt
wie's aufersteht.

Ein jeder Baum
ist Jüngling jetzt und Braut
und wird zur Mutter angetraut
den väterlichen Himmelskräften.
Dies Blühen, Werben,
hin und her sich Schenken,
dies liebeträchtig, gütig sich Versenken,
der Blütenschoß wie eine Strahlenschale,
unendlich tief von Licht
und Gold fast überfließend.–
Die Erdenmutter selbst ist's,
die den Reigen führt,
vom Sonnengeist umflutet
neuen Leib gebiert
– den Leib des Christ!

1954

Ich sehe Blumen über Blumen
der mütterlichen Erde rein entsprossen.
Freudig singen sie
das Lob der Erde,
das Lied des Wassers,
das Lied der Luft
und des Lichtes
und der gütigen lebenweckenden Sonne.

In mir jedoch
ertönt die Harfe des Ich-bin-und-werde.

Ein Teil von mir
hab' ich den Pflanzen gleich.
Doch bin ich wach!
In Freiheit darf ich schöpferisch handeln.
Der Sinn des Handelns
soll den Blumen gleichen.
Ein Lied der Reinheit,
selbstlos kündend.

6. 8. 1957

Christ, den findest du nicht im Grabe,
nicht im Kälteleib der Erde,
nicht im knöchern, nüchtern Denken –
nein – ihn findest du nur im Innern
deines weiten Seelendomes!
Dann in Licht und Himmelswärme,
die in Blumenkelchen strahlen.
Christ ist überall, wo Leben,
überall, wo Wahrheit waltet,
überall, wo Gottesliebe
hin zum neuen Menschen findet.
Österliches Christuswirken
ist des Frühlings Segensströmen.
Wo Natur dem Rufe folgt,
bleibe du nicht abseits stehn!

1953

Frühling

Frühling heißt:
Grabesdunkel in ein
sieghaft Licht verwandeln.
Frühling heißt:
mit auferstehn,
hoch in Weltenweiten gehn.
Frühling heißt:
in Osternacht
Todesüberwindenskraft
christusgleich im Herzen fühlen.
Frühling will vom Geist zur Seele
tatenfroh in Hände fließen,
die in Mutesschaffenskraft
Menschen helfen,
Christ zu finden.

Franziskus

Wie neid' ich dir dein großes Lieben,
dein weites Herz im Weltgewölbe!
Du sangst die Sonne,
sangst die Sterne
und aus der Sehnsuchts-Seelensphäre
ward dir der Schöpfung Lobgesang.

In Blatt und Blüte,
Tier und Mensch
sangst du von Gottes Angesicht.
Du sangst das Schauen,
sangst das Lauschen,
und aus des Windes Geistesrauschen
ertönte dir das Wort des Christ.

6. 1. 1957

Ein Herbstblatt

Das Blatt, das jetzt den Baum verläßt,
vom Sturm bewegt,
erst wirbelnd durch die Lüfte fegt
und noch gepeitscht,
in Regengüssen hin und her gezerrt,
bis daß es schlammig-schwer
mit Tausenden die Erde deckt.
Ihm macht es nichts,
daß es nun stirbt,
dem Stoff sich wieder ganz verbindet.
Dem Herbsteswüten sagt es jubelnd,
wie verklärt:
auch wenn die Todeskräfte deines Rasens
in noch so blindem Willen
mich vom Mutterstamm entfernen wollen,
ich weiche nicht,
eh daß ich glühe, leuchte! –
Im Festgewand der Herbstesstürme
ein innig Lieben erst verbreite,
solang, bis daß ich weiß,
daß da, wo ich den Stamm verlasse,
schon tief ein junges Blättlein
wieder lebt und still verborgen
in der Knospen-Mutterhülle
der Auferstehung harrt im Osterlicht.

O nein, du wilder Herbstessturm,
in Wirklichkeit bist du
der Bruder mir,
der lieb mir hilft,
daß ich der Todesdauer mich entziehe,
um mich ew'ger Verjüngungs-Wandlung
hinzugeben.
Hab' Dank drum,
wilder Bruder
für deinen Liebedienst!
Wenn du als Lenzessturm
der Mutter Erde
ungezähltes Leben weckst
bin ich dabei!
Im sieghaft Auferstеh'n.

1953

Gewitter

Die Ballung gigantisch aufgetürmter
Wetterwolken,
wo Ahriman selbst Luft und Licht
in chaos-schwarze Finsternis
verwandeln möchte,
wo wütend Sturmeskrallen
Bäume peitschen
und Tiere wild in Todesängsten
Flucht ergreifen,
daß nur ein Schreien, Ächzen
noch uns wissen läßt
die graus'ge Not, worin die
Himmel und die Erde sich befinden.
Da seh' ich Michael! –
wie er im Zorn zum Blitzesschleuderer wird.
Wo Lichtgewalt und Feuersglut
mit unerhörtem Mut
den Fürst der Finsternis
in seinen Schranken hält,
damit das Werk der Himmel
nicht der Höllenmacht verfällt.
Den Kampf bestehe täglich
in der Seele – Mensch –
wenn Todeskälte in dein Denken dringen will,
wenn Leidenschaften dich zerwühlen wollen
und du der Menschenwürde Hoheit
zu verlieren drohst.

Laß' wie ein Flammenzeichen
leuchten dann den Namen

Ich in Ihm!

Denn was Michael
als Christi Kämpfer ist,
dasselbe bist auch du, o Mensch,
– du Christverkünder –.

1953

Winterzeit
weit und breit
Schnee und Eis
wie Ewigkeit

Weltennacht
Sternenpracht
ein Leuchten
aus des Geistes Macht

Erdenruh!
Schläfst auch du?
Bewegest dich
dem Abgrund zu.

O wache, bete,
denke, lebe,
am Himmelslicht
da schaffe, webe.

1. 2. 1959

Winternacht

Die Erde ruht
und über ihrem Leib
liegt Schnee
wie Sternenlinnen,
der liebend, gütig
ihn umhüllt.

Ein stilles Atmen
geht wie Frieden
in den Weltenraum,
ein selig Sehnen
träumt wie Licht
zum Weltensaum.

Ich schaue, wie der Erdgeist
selbst die Erde segnet.
Die blauen Winternebel
über Wald und Flur
lassen wenig Mutterkrume
noch erkennen,
bis daß auch sie geheimnisvoll
dem Arm des Dunklen sich vertraun.
Doch über allem
steht ein Heer von Sternen
in frommem Glanz,
die Heiligkeit der Nacht zu künden.

1954

Weihnachten

Der Stern, der dir den Weg
nach Bethlehem hin leuchtet,
der Bote, der glühend, freudig Kunde bringt,
daß nun der Heiland ist geboren,
o halte ihn die Weile still im Herzen,
solang, bis daß ein Licht
auch dir im Innern leuchtet,
wovon du weißt,
es ist ein Licht von „Ihm“.
In wievielen Herzen strahlt es noch vergebens
wieviele wissen's nicht,
daß Sonnenhelle um sie ist
aus liebelichtem Gottesherzen!
O fühl es doch,
begreif es doch,
lern leidend dir die Seele öffnen,
adventhaft still,
urheilig mütterlich,
und laß dein Herz dann
wie ein Bronnen sein,
darin ein Quell des weihnachtlichen Leuchtens
in Frommheit dir den Sohn gebiert.

Horch auf, gib acht –
verschlafe nicht die Stunde,
wo heil'ge Sonnenmächte selbstlos opfernd
dich mit dem Himmel wieder einen wollen.
Es liegt an dir!
Nur noch an dir!
Daß du den Weg des Lichtes gehst
und heil'ger Sendung voll
den Erdenleib zur Gralesschale wandelst.

18. 12. 1953

Drei Gesichter
Öl-Lasur · 1955 · 28 x 38 cm

Nebeltag

Den Schmerz, den du im Dunkeln fühlst,
wenn alles nebelgrau und ungeformt
die Seele bar macht jeder Regung
hin zum Licht,
wo du nicht einmal wünschst,
daß dieser Glast
von Undurchdringlichkeit zerreißt,
weil doch in dir
die Trauer alle Tat erstickt,
– dann wein' nur, Bruder,
damit du wenigstens noch spürst,
daß immerhin sie lebt,
die Seel' in deinem Herzen.

Dies grenzenlos' Zerfließen
dumpfen Schmerzes:
Im Aug der Tiere
siehst du es ja auch,
wenn sie in stummer Klage
auch uns wissen lassen,
wie sie sich dir zum Opfer brachten.

Nur daß du wurdest, Bruder Mensch,
du doch vergaßt,
für diese Opfertat zu danken,
in Egoismen gar dich Gott entzweitest.

Nein, wein' nur Bruder, wein'.
Mach still und weit dich,
bis du in jene heilestiefe Ruhe sinkst,
wo dann dein Engel erst dir nahen kann,
in Güte dir die Hand
auf deine müden Schläfen legt.
Nein, wein' nur Bruder, wein',
wenn du in deinem Weh
es noch vermagst,
dann bist du schon gesegnet,
schon begnadet.
Dann wird dein Engel weiter sich
um dich bemüh'n.

O wein' doch, Bruder, wein'!
Nimm' dir auch alle Qual
der Weggefährten
noch in deine Seele,
all jene hilflos irrenden Gesellen,
die längst nicht mehr den Trost,
daß ihnen Tränen rinnen dürfen.
O – wein' doch Bruder,
wein'!

Zu einem Bild von Matthias Grünewald

Auch nicht die Spur von dem,
was noch nach Golgatha geschah
durchlichtet deine Schau.
Da ist nur Gram,
da ist nur Scham
und Grau'n.
  Sonst nichts.

Da ist nur Tod und dunkle Finsternis,
da ist nur namenloses Leid,
jedwedes Leben flieht und bricht,
und auch die Seel' erlischt.
  Sonst nichts.

Sonst nichts?
Auch nicht das Kreuz
an dem „Er" aufgerichtet ward,
was mir noch Zeichen ist,
dem Weltall eingeprägt?
Hier ist noch Keim,
hier ist noch Trost und Licht.
  So ist's!

Da muß ich durch
mit Mut und Zuversicht
und warten
bis der Christ erscheint.
Dann wird ein Osterlicht,
Sieg in die Seele bricht.
So wird es sein.

Die Schwester sagt,
es sterben wieder viele Menschen.
Ich kenne sie nicht,
ich weiß nicht mal,
wo ihre Seelen mit dem Tode ringen,
in welch' Gemach
sie dunkle Nacht bezwingen,
um Leiden, Sterben duchzustehn.
Doch bin ich ihnen nah
in gutem Denken.
Im Fühlen, Denken
will ich miterleben, wie sie leiden.
Im Denken will ich helfen,
daß sie den kranken Erdenleib
nun wie ein abgenutztes Werkzeug
still beiseite legen,
um sich der Lichtesfülle hinzugeben.
Du Seel':
Du gehst ja in die Ewigkeit!
Du Bruder .....
Du .....

16. 1. 57

Nun ruh'!
Und laß die Seele zu den Sternen ziehn.
Nun bete!
Und nimm uns alle unter deine Flügel.
Nun danke!
Und dehne weit die Geistesschwingen.

O, wir sind müd'
und brauchen deine Liebetat.
O, wir sind Frierende
und brauchen deine Herzenswärme.
O, wir sind Hungernde
und sehnen uns nach einem Anteil Geisteshelle.

Du, Schwester –
geh' nicht an uns vorüber
ohn' daß du deine Hand
an unsere Stirne legst,
daß Friede in uns sei.
Dann ruh' auch du. –
das Sternenlicht der Nacht,
es soll dir sagen,
daß du von uns auch bist gesegnet.

1953

Es gibt ein Weh –
so abgrundtief,
so voller Schwärze,
ungeformt –
daß selbst der Engel
sich das Haupt verhüllt.

Wer wagt in diesen Ungrund
mir zu folgen?
Dringt je ein Licht,
selbst das des Christ,
ein zweites Mal
in diese Tiefe?

Doch könnt' „Er" auch
nach zweimal tausend Jahr'
hinab in jenen Orkus steigen,
in dem erneut selbst
stille, blutendschwere Klage
längst erloschen ist?

Ich weiß es nicht!
Ich weiß von vielen neuen Toden,
die es zu sterben gilt
und wo nur mühsam wir den Weg
zum Menschen wiederfinden,
der mal als Gotteskind
den Christ zum Leuchten bringt.

Ich trau're still.
unendlich Leid
in ungrundtiefen Grabgewölben.

Es heißt:
Wir müssen nun
aus eigner Kraft
den Willen haben,
aufzurichten,
wird je die Lichteskraft
in unserem Herzen glühn?

1955

Die Nacht legt tröstend sich
auf unsere Seelen,
obwohl ein Weinen noch
das Herz beschwert.
Unendlichkeit –
und Fragen, glühend Sehnen. –
O Nacht,
ja, deck die Wunden zu,
daß grenzenlos und einsam
sie nicht ganz versiegen.
Der Schrei in der gequälten Seele:
wie ward er nur?
Obwohl ein Licht uns leuchtet
von Urweltferne bis in unsere Erdentage.
Ich weiß es nicht! –
Vielleicht ist es das Weinen
totgequälter Seelen,
die soviel litten, Schmerzen trugen,
daß trocken ihre Augen wurden,
und selbst die Sonne ihren Glanz verlor.
Für diese Menschen will ich trauern, beten,
bis auch sie wieder einen Engel segnen sehn.

30. 7. 53

Der Mensch ringt mit dem Engel
Zeichnung

Freundestum
Ein Du und Du
im Angesicht von Schicksalsweiten.
Von hier datiert die Geistbegegnung,
in ihr ist jubelnd sie Erfüllung.

Freundestum
Ein Geben, Nehmen
selbstlos reiner Herzenskräfte.
Aus ihr erwächst die Liebetat,
die Licht und Leben stetig zeuget.

Freundestum
Der Treue Born,
zum Opfer und zur Wandlung hin.
Aus ihm da finden sich die Hände,
die willens sind,
am Leib der Erde mitzubau'n.

1953

Was die Seele hegt,
still das Herz bewegt,
geht in schlichten Worten
hin zu dir.

Was ich leis dir sag,
kaum zu sprechen wag,
seh ich wie ein Leuchten
dich durchdringen.

Was dann her zu mir –
gütiges Wort von dir –
wird uns ewig binden.

1953

Hab mit einem Stern gesprochen,
wollte wissen, wer er sei.
Himmelsschlüssel,
Andachtsblau,
kommst durch mich zur Geistesschau.

Kommst durch mich zum Schönheitsglanz,
Wahrheit, Güte, Sternentanz.
Weltendom,
Gotteswort,
ziehest mit von Ort zu Ort.

Ziehst auch in die Himmel ein,
vielemal zur Erde.
Menschensohn,
Gotteskind,
still den Weg des Christus find.

1958

Wandle Sternenwege,
die in Blumen erstrahlen,
laß ihnen Freiheit,
doch winde sie alle
im Geiste zur Einheit.

Trage Geisteswelten,
sonnenentsprossene
goldene Früchte im Herzen.
Sammle sie alle,
doch verschenk sie in Liebe.

Schreite im Gnadenlicht
göttlicher Weisheit
unendlichen Höhen entgegen.
Christ in allem –
durchheiligte Brotkrume.
So schenk dich den Menschen.

31. 3. 1959

Ein Überwinder

Das Leben eines Künstlers kann sich zu einem Heldenleben steigern, wenn die Geisteskraft, das Geistesfeuer derart in das Ich einschlägt, daß dieses gestählt, unüberwindlich wird.

Ein paar Züge eines Schicksals können blitzartig diese Tatsache beleuchten. Im Schulalter war Anton Felderhoff nahezu erblindet. Die Geschwister nahmen ihn manchmal zur Schule mit, oft aber blieb er – vergessen – allein zu Hause und sann: Was ist denn „tot"? Wenn man das Atmen vergisst. Nun kam die Atemqual über den jungen „Tönne". Atme ich? Atme ich nicht mehr? Er stieß die Luft aus, sog sie gewaltsam ein. So fand man den Jungen im Kornfeld keuchend auf. Es war der einzige Mensch, der sich seiner annahm, gestorben.

Musik was ist das? Beethoven, was tat er? Der Junge stieg heimlich nachts aus seinem Dachstübchen auf die Strasse hinunter und läutete an der Glocke des berühmten Musikers X. „Geben Sie mir Musikunterricht, ich will Musik lernen!" Hast du ein Instrument? Nein. Hast du Geld? Nein. Wann kannst du kommen? Nur nachts, tags muss ich Bote sein.

So wurde Anton zum Musiker, Geiger, Konzertmeister, Primarius eines Streichquartetts. Alles spielte er nach kurzem Blick auf die Noten auswendig. Es traf ihn mit 37 Jahren auf einer Konzertreise ein zweiter noch schwererer Schlag: das Taubsein. Das Schreckliche war aber nicht die Stille, die er bejahte, sondern die Eigengeräusche des Ohres, das hämmerte, sauste, dröhnte. Grelle Dissonanzen überdeckten oft die geistigen Sphärenharmonien, die er erlauschen wollte. Mit dem Gehör hatte ihn auch sein Gleichgewichtssinn verlassen. Auch damit kam sein Bewußtsein zurecht.

Musik musste als Lebensführerin für ihn verstummen. Aber als Genius, als Geist der Verwandlungen blieb sie ihm treu. Der Künstler kam nach Dornach. Sein anthroposophischer Arzt tat damit vielleicht das Heilsamste für den tauben und fast blinden Künstler. „Ich mußte Auge und Ohr einbüssen, um nach Dornach zu kommen". Dort wurde Anton Felderhoff Anthroposoph. In seiner Seele verwandelten sich die musikalischen Kräfte. Sie drängten sich in Bildgestalten, in die Melodik der Linie und die Strenge der Farbenharmonien. Er hielt Vorträge über Kunst an Volkshochschulen und konnte dadurch seine Familie, Frau und Sohn erhalten. Auf seinen Reisen entwarf er seine Bilder, schrieb Gedichte und viele Briefe, führte nachts Bild nach Bild bis zur völligen Ausgestaltung.

Der Genius der Musik zauberte gleichsam musizierende, singende Gestalten in strengen Formen auf die Leinwand. Der Schimmer des Lichtes, der seinem Auge geblieben war, glitt über die Fläche und erhellte sie ihm, und der Klang in seiner Seele leitete die Hand, die früher den Bogen so sicher geführt hatte. Anton durchbrach seine Kerkermauern und schuf Abbilder, Urbilder seines innersten Erlebens. Der ätherische Strom der musikalisch zur tätigen Bewegung geführt hatte, musste sich ganz verinnerlichen und in die Linien und Farben ergiessen.

In der Erinnerung taucht mir der Künstler auf, wie er während eines Vortrages in der ersten Reihe saß, nachher auf mich zukam, mir die Hand fast zerdrückte und mit den Augen den Umriss der Erscheinung zu erspüren schien. Diese seine Augen werden in der Erinnerung zu Lichtern.

Zwei Lichter strahlen mir entgegen,
In denen Licht- und Feuersegen.
Ein Ich durchbrach die harten Wände
Des Todes: Kräftig fassen Hände
Und sagen stumm: Warum, warum?
Ersteht dir nicht dein Lebensmut.
Warum nicht leuchtet dir's im Blut
Wie mir im Schaffensheiligtum?

Noch kurz vor seinem Tode, noch mitten auf dem Höhepunkt seines Schaffens hat der Künstler Freunden Bilder verschenkt. Er hat überhaupt bis zu diesem Tode (Anfang April 1959) viel verschenkt. Sich selber mit der ungebrochenen Freude des Eroberers, der er schon als Knabe gewesen; des Überwinders, der er im reifen Leben geworden ist.

Karl von Baltz

Zur Erinnerung an Anton Felderhoff
gest. am 2. April 1959

Jerome Bessemich

In Basel wurde eine Beckmann-Ausstellung eröffnet. Es sprach ein Unbekannter, der später bedeutend in den Kreis der Maler um das Goetheanum eintreten sollte: Anton Felderhoff. In diesem Kreise hat das Schicksal ihm nur eine ganz kurze Schaffenszeit zugebilligt. Eine kleine Graphikausstellung führte ihn ein. Er schrieb: „Durch den Tod meiner Frau im Frühjahr, wobei auch noch mein Sohn todkrank darniederlag, war die Belastung für mich so gross, dass es mir einfach nicht möglich war, mehr zu schicken. Aber Michaeli möchte ich gerne einige Arbeiten dabei haben. Von großen ausgereiften Arbeiten könnte ich genug ausstellen". Diese Ausstellung fand statt und fand sofort die Beachtung. die die Werke verdienten. Größere Pläne wurden unmittelbar anschließend besprochen, kamen aber nicht mehr zur Ausführung, weil sein Engel ihn am 2. April in den Nachmittagsstunden abberief.

Wie jeder Maler, der in unseren Kreis eintritt, aus einer bestimmten malerischen Region kommt, so lag seine Herkunft im deutschen Expressionismus. Aber es gab für ihn eine zweite Vorstufe, die Musik, die sein Lebensberuf war, die er aber wegen eines Gehörleidens lassen mußte. So traten auf seinen Bildern immer wieder Musikinstrumente auf, ein äußeres Zeichen, das nicht leerblieb, weil seine malerische Komposition eine reine Musik erklingen ließ.

Jetzt ist auch dieser zweite Beruf, von dem er selbst und seine Freunde noch so viel erhofften, abgebrochen. Uns bleibt nur die Hoffnung, in einer Gedächtnisausstellung sein Werk in größerem Ausmaß zeigen zu können, um so ein Bewusstsein davon entstehen zu lassen, wen wir verloren haben.

28.2.

Yvonne v. Miltitz: Kreuz-Wege
Gedichte
Herausgegeben von Ingrid Jacobs

"Brennpunkt allen Geschehens für die Erde, für den Menschen, des geistig Bedeutsamen in der Welt und im eigenen Inneren ist das Kreuz, das "Mysterium von Golgatha" (Rudolf Steiner). Inständig umkreist das Denken und Dichten jene Urgebärde von Sterben und Auferstehung, von der Verwandlung durch den Schmerz, der auch ein Tod ist und aus dem die neuen, geistgeborenen Kräfte wachsen können: Nimmermüdes Umkreisen dieses Punktes "Verkreuzung schmerzende". Den Kreuz-Weg gehen heißt: dem Abgrund ins Auge schauen, mutvoll ihn aushaltend, im Durchleiden jene Sphäre von Verwandlung des Todes ins Leben erahnen: Der Weg der Initiation. Den Kreuz-Weg in solche Tiefe gehen heißt: nachfolgen dem, der sprach: "Ich bin der Weg, die Wahrheit und das Leben" (Joh. 14, 6)."

Gerhard Joedicke: Im Gespräch mit dem Engel
Texte und Gedichte; Hamborner Taschenhefte 2

Der Verfasser erzählt zu Beginn, wie er als Kind eine Engel-Begegnung hatte und wie auch im weiteren Leben Schutz und Hilfe erfahrbar waren. Im mittleren Teil folgt das "Gespräch mit dem Engel" in Gedichtform. Den Abschluß bildet eine Betrachtung über den "Umgang mit den Hierarchien". Es gehört gewiß Mut dazu, sich diesem Thema in dieser persönlichen Weise zuzuwenden. Der Verfasser ist davon überzeugt, daß viele Mitmenschen ähnliche Erfahrungen gemacht haben und daß eine solche Veröffentlichung einem allgemeinen Bedürfnis entspricht.